Den grauen Tag
vergolden, ach vergolden

Theodor Storm (1817 - 1888)
anerkannter Dichter
s. Wikipedia

Wolfgang Brenneisen
hat Bücher geschrieben und Ausstellungen gemacht.
Weitere Informationen unter:
https://de.wikipedia.org/wiki/Wolfgang_Brenneisen

Theodor Storm

Den grauen Tag vergolden, ach vergolden

visualisiert von
Wolfgang Brenneisen

imme klassiker

© 2025 Wolfgang Brenneisen
Verlag: BoD · Books on Demand GmbH,
In de Tarpen 42, 22848 Norderstedt, bod@bod.de
Druck: Libri Plureos GmbH, Friedensallee 273,
22763 Hamburg
ISBN: 978-3-7693-5563-5

Das Gedicht

Im Schatzkästlein deutscher Lyrik liegt so mancherlei, aber so gut es da auch liegt, der ideale Aufbewahrungsort scheint das nicht immer zu sein. Die schönen Gedichte ruhen dort wie in kleinen, feinen, gläsernen Sarkophagen, aus dem allgemeinen Bewusstsein verschwunden, nur gelegentlich von professionellen Gralshütern und Sachverständigen reanimiert - um dann ihren scheinbar ewigen Schlaf fortzusetzen. Nun ja, die Verse wurden vor Jahren oder gar Jahrhunderten geschrieben und haben schon Patina angesetzt und wirken vielleicht etwas altmodisch. Der gutwillige Leser muss sich einen kleinen Ruck geben, um sich in den Geist der Zeiten hineinzuversetzen und die Botschaft in seine Gefühlswelt zu transponieren. Also dann: Ruhe wohl, ruhe wohl, drunten in der Mühle. Sorry, die Last der Vergangenheit ist einfach zu groß.

Andererseits ist dieses Versinken im Vergessen bei manchen Gedichten schade. Denn in ihnen steckt auch ein Funken Zukunft, der uns in unserer Gegenwart erreichen könnte. Wie der Philosoph Otto Friedrich Bollnow in seinem Aufsatz „Was heißt, einen Schriftsteller besser verstehen, als er sich selber verstanden hat?“ überzeugend dargelegt hat, ist ein Werk nicht endgültig abgeschlossen, wenn der Dichter die Feder aus der Hand legt. Da steckt noch mehr drin, als was er sich dabei vorgestellt hat. Neue, unvorhergesehene Deutungsräume können sich eröffnen. Das Gedicht ist ein Kosmos, begrenzt, dennoch unendlich. Also auch anschlussfähig an die Gegenwart.

In dieses Horn stößt die Reihe „imme klassiker". Gedichte, die als sattsam bekannt gelten, minutiös bis in den kleinsten Winkel interpretiert worden sind und somit aus gutem Grund zur ewigen Ruhe verdammt erscheinen, werden aus einer anderen Perspektive, in einem neuen Licht betrachtet. Es ist mir schon klar, dass ich mir damit nicht nur Freunde machen werde. Verstöße gegen die Orthodoxie gelten immer als Ketzerei. Aber sei's drum. Wenn etwas Leben in die Bude kommt, ist das doch auch schön, oder nicht?

Der Nebel steigt, es fällt das Laub;

Schenk' ein den Wein, den holden!

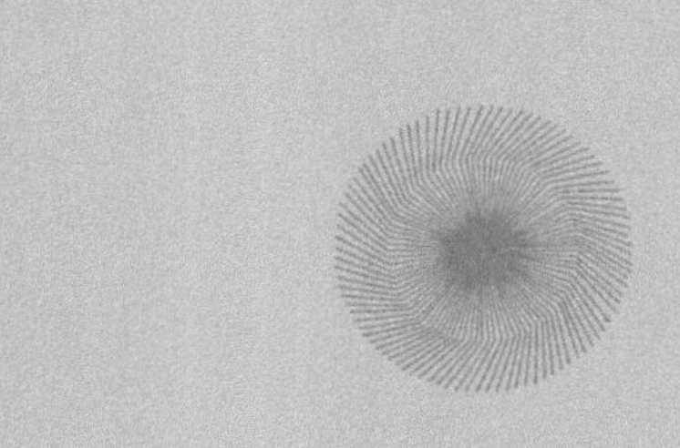

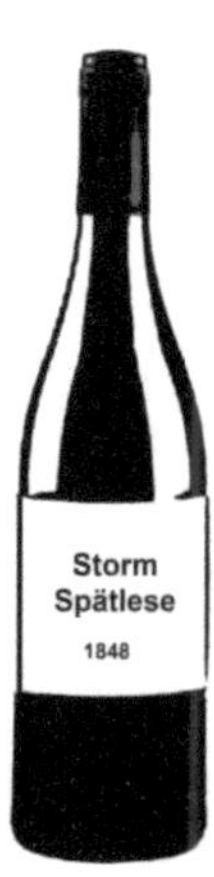
Storm
Spätlese
1848

Wir wollen uns den grauen Tag
Vergolden, ja vergolden!

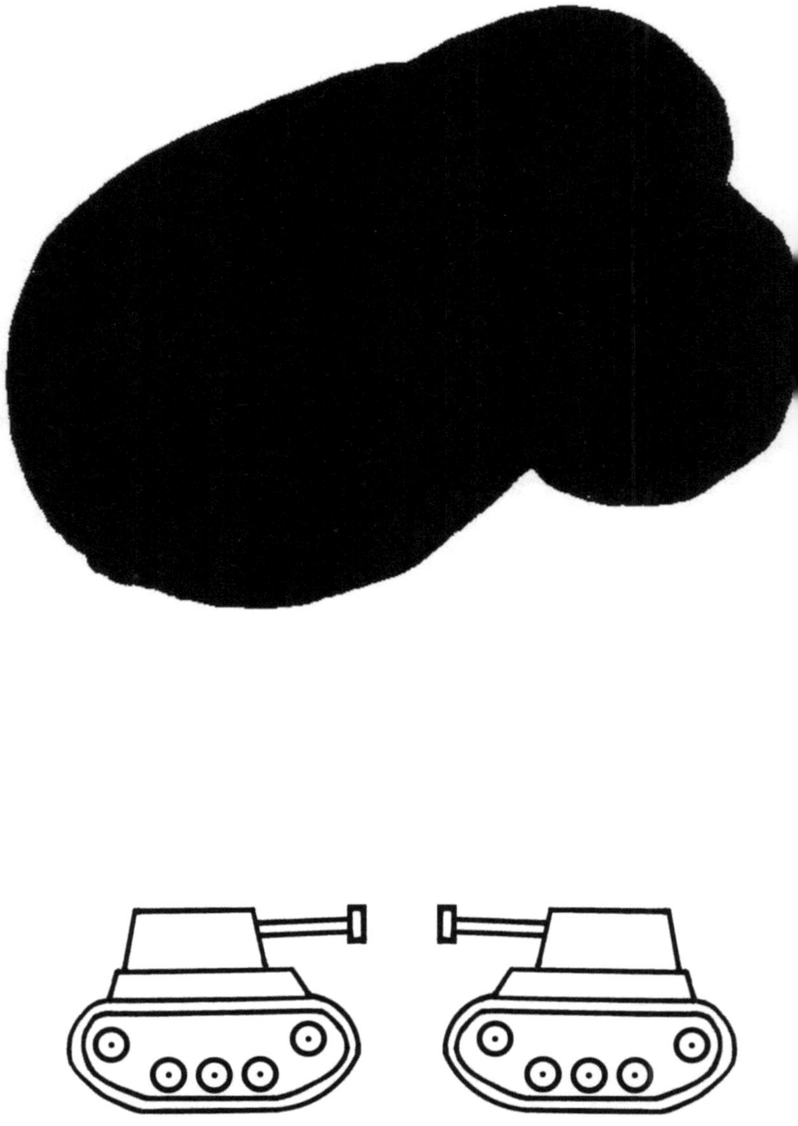

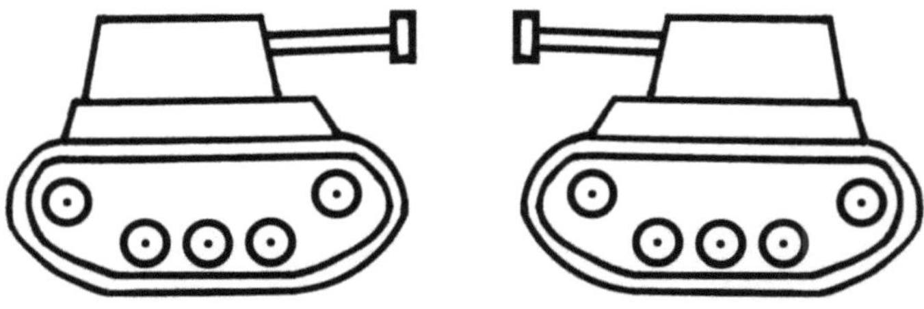

Und geht es draußen noch so toll,

Unchristlich oder christlich,

Ist doch die Welt, die schöne Welt
So gänzlich unverwüstlich!

Und wimmert auch einmal das Herz, –

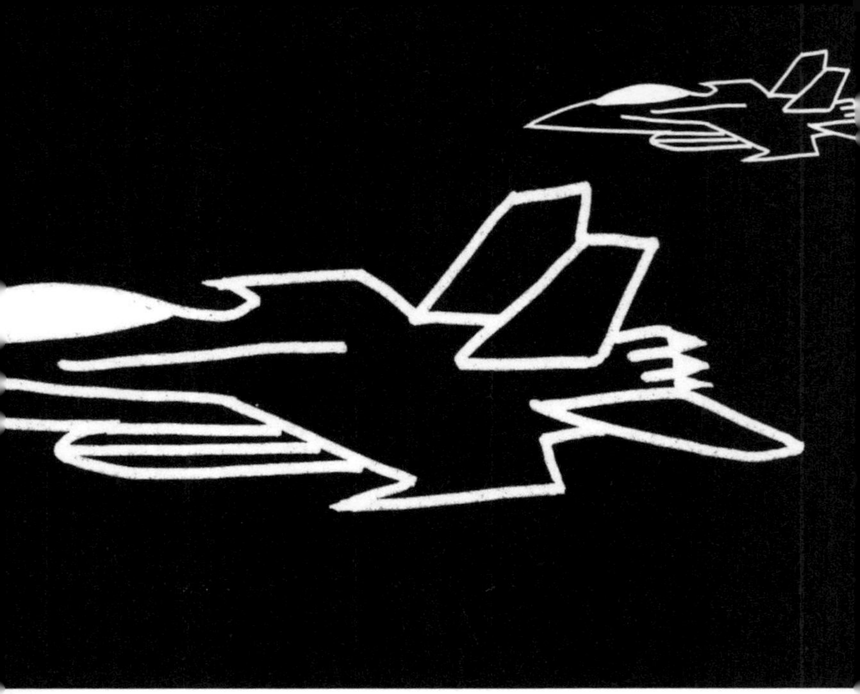

Stoß' an, und laß es klingen!
Wir wissen's doch,

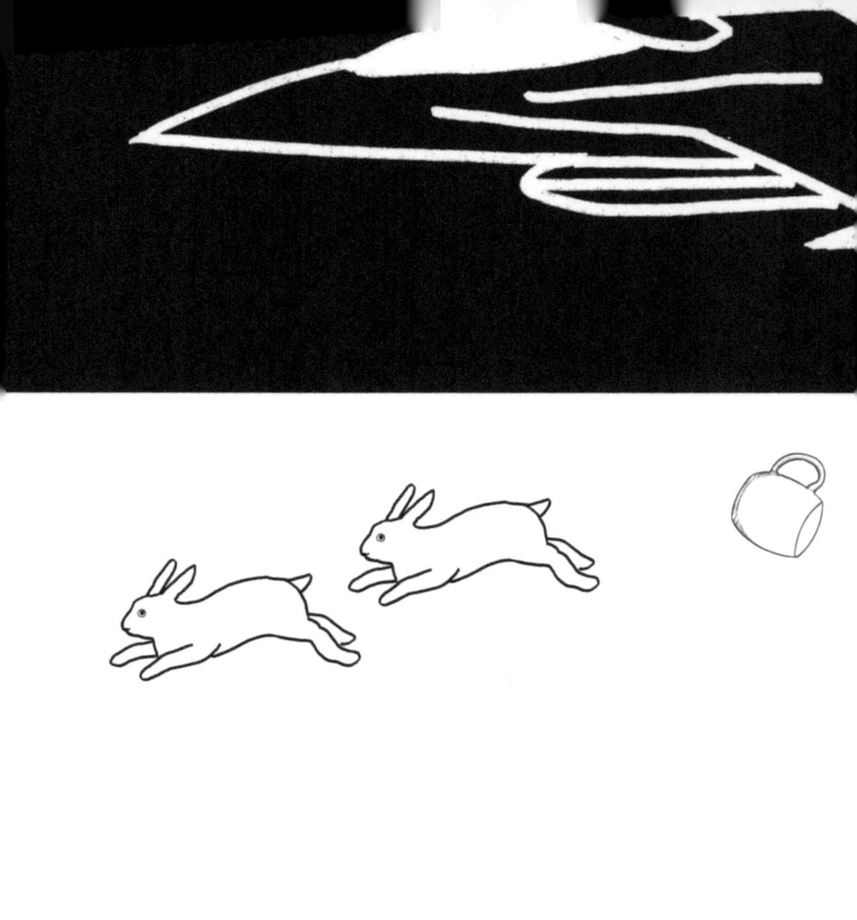

ein rechtes Herz
Ist gar nicht umzubringen.

Der Nebel steigt, es fällt das Laub;

Storm
Spätlese
1848

Schenk’ ein den Wein, den holden!

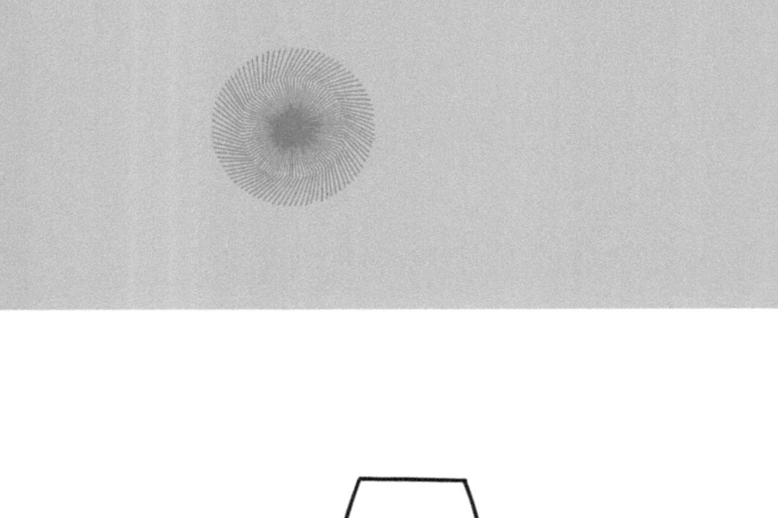

Wir wollen uns den grauen Tag
Vergolden, ja vergolden!

Wohl ist es Herbst; doch warte nur,
Doch warte nur ein Weilchen!

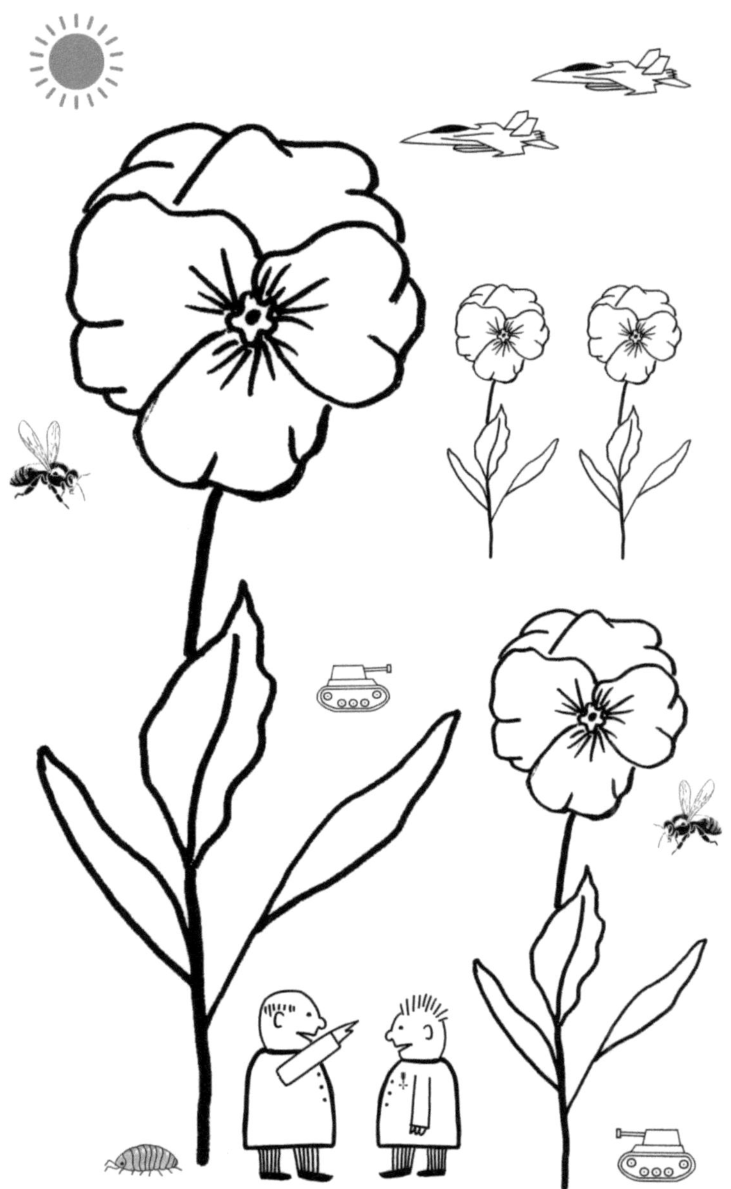

Der Frühling kommt, der Himmel lacht,
Es steht die Welt in Veilchen.

Die blauen Tage brechen an;

Und ehe sie verfließen,
Wir wollen sie, mein wackrer Freund,
Genießen, ja genießen!

edition imme

Wolfgang Brenneisen
Ein Lyriker packt aus.
Ansichten, Einsichten, Bekenntnisse
Books on Demand, Norderstedt
ISBN 9783759777669

Wolfgang Brenneisen
Das geheime Leben der Dichter
Wie sie fühlen - Wie sie ticken
Books on Demand, Norderstedt
ISBN 9783837024159

Wolfgang Brenneisen
Sei einfach, einfach du selbst!
15 Gedichte
Books on Demand, Norderstedt
ISBN 9783750492684

Wolfgang Brenneisen
15 moderne Gedichte
im kleinen roten Buch
Books on Demand, Norderstedt
ISBN 9783756211791

POETRY
EXIT